CalmeMara-Bücher tun Gutes:

Mit jedem Kauf bei uns unterstützt du die sozialen Projekte und die Tiere vom Begegnungs- und Gnadenhof Dorf Sentana in Bielefeld. Denn einen Teil unserer Erlöse spenden wir direkt an die Sentana Stiftung. Auch Kuh Elsa, Ziegenbock Hodor und Co. freuen sich über deine Unterstützung! Mehr dazu unter www.sentana-stiftung.com

CalmeMara-Bücher schützen Tier und Umwelt:

MIT FÜR DIE NATUR

Unsere Bücher werden ausschließlich in Deutschland und komplett vegan hergestellt. Durch die Verwendung von ÖKO-Druckfarben auf Pflanzenölbasis und veganen Leimen stellen wir sicher, dass kein Tier für die Produktion eines CalmeMara-Buchs leiden muss. Damit unsere Bücher lange leben, ohne der Umwelt zu schaden, setzen wir Drucklack auf Wasserbasis und eine kompostierbare ECO-Schutzkaschierung ein. Um Umwelt und Ressourcen zu schonen, verwenden wir ausschließlich Papier, das aus vorbildlich bewirtschafteten, FSC®-zertifizierten Wäldern und anderen kontrollierten Quellen stammt, und drucken unsere Bücher klimaneutralisiert. Zum Ausgleich der angefallenen CO_2-Emissionen unterstützen wir ein Brunneninstandsetzungsprojekt in Eritrea.

2. Auflage 2023

Text: Judith Allert

Illustration: Lisa Rammensee

Grafikkonzept und Satz: Annemarie Vormelcher

Korrektorat: Helge Pfannenschmidt

Druck und Bindung: Kirchner Print.Media, Kirchlengern

Printed in Germany

ISBN: 978-3-948877-30-9

MIX Papier | Fördert gute Waldnutzung FSC® C011660

klimaneutral gedruckt durch CO_2-Kompensation

VEGAN

Judith Allert & Lisa Rammensee

Schlau wie Sau

Mit Ideen von Annemarie Vormelcher

Nutztier – was soll das denn sein?

Hey du! Ich bin Toni und ich bin ein Hund. Aber das weißt du ja vermutlich. Denn Hunde kennt und mag (fast) jeder! Als Hund hat man es in Deutschland normalerweise richtig gut! Denn wir sind Haustiere. Wie der Name schon sagt, leben wir in einem gemütlichen Zuhause bei unseren Menschen. Wir werden gekrault, dürfen auch mal mit auf die Couch – manchmal sogar mit ins Bett! Wir dürfen toben und spielen und spazieren gehen und bekommen die köstlichsten Leckerli. Und ganz egal, ob Hund, Katze oder Kaninchen – als Haustier wird man geliebt und gehört bei den Zweibeinern so richtig zur Familie.

Ganz anders sieht es dagegen aus, wenn man als sogenanntes Nutztier geboren wurde. Das sind Tiere, die aus Sicht des Menschen eben vor allem einen praktischen Nutzen besitzen. Sie leben meistens in einem Stall, oft mit unzähligen Artgenossen. Nutztiere sollen Fleisch, Milch oder Eier „liefern“ – und das möglichst viel und schnell. Wenn ihre Leistung nachlässt, werden sie geschlachtet. Gekrault und geliebt werden die wenigsten von ihnen.

Aber warum ist das so?
Sind Nutztiere so anders als Haustiere? Haben sie deshalb nicht das Recht, genauso geliebt zu werden? Oder wollen sie das vielleicht gar nicht?

Um diese Fragen zu beantworten, müssen wir uns ein paar dieser „Nutztiere“ dringend etwas genauer anschauen. Los geht's!

PS: Hast du schon das Daumenkino hier unten entdeckt? **Film ab!**

Das Schwein

Das Schwein

Säugetier

natürlicher Lebensraum: Wälder und Gebiete mit **Baumbestand**, Gebiete mit Nähe zu **Wasser**

Lebenserwartung: bis zu **20** Jahre

Größe: bis zu **190** Zentimeter Körperlänge

Nahrung: Wurzeln, Rinde, Knollen, Blätter, Früchte, Insekten, Würmer, Maden und kleine Wirbeltiere

Gewicht: ungefähr zwischen **10** und **500** Kilogramm. Das ist so viel wie etwa **27** Vorschulkinder zusammen!

Du musst **4** große Schritte machen, um an einem ausgewachsenen Hausschwein vorbeizugehen.

Schlau wie Sau

Wieder und wieder müssen die armen Schweine für Schimpfwörter herhalten. Doch von wegen „blöde Sau"! Schweine haben ihrem Ruf so einiges voraus. Die grunzenden Rüsseltiere sind nämlich richtig superschweineschlau. Sie sind mindestens so clever wie Hunde – und sogar schlauer als kleine Kinder!

So können sich Schweine selbst im Spiegel erkennen, was nur sehr wenige Tiere schaffen. Sie wissen also, wie sie und ihre Artgenossen aussehen. Und sie verstehen, dass das vor ihnen ihr eigener Rüssel ist. Wenn sie einen Leckerbissen im Spiegel sehen, kapieren sie schnell, dass der nicht „echt" ist, sondern dass sie ihn erst ausfindig machen müssen, um ihn schmatzend zu verputzen.

Schweine besitzen außerdem ein tolles Gedächtnis und schaffen es zum Beispiel, sich ihre Futterverstecke bestens zu merken. Andere Schweine können sie sogar absichtlich am Rüssel herumführen, damit sie die besten Happen für sich behalten. Und sie können sich abgucken, wie man bestimmte Werkzeuge benutzt, und zum Beispiel lernen, wie sie in ihrem Stall, ganz nach Bedarf, die Heizung an- und ausschalten. Ein solches „Um-die-Ecke-Denken" kennt man auch von Affen oder Krähen, die als besonders schlau gelten.

Sprechende Schweine Was Schweine so von sich geben, ist viel, viel mehr als ein einfaches „Oink". Sie besitzen einen richtig großen „Grunzschatz". Jedes Schwein kennt mindestens zwanzig verschiedene Laute, mit denen es sich bestens mit seinen Artgenossen unterhalten kann. Vom freundlichen „Hallo" über ein forderndes „Huuuuuunger!" bis zum etwas rüpeligen „Lass mich in Ruhe". Und kein Schwein grunzt wie das andere – schließlich hat jedes eine ganz eigene Persönlichkeit.

Borstige Superhelden

Schweine können wahre Helden sein. Hausschwein Priscilla zum Beispiel rettete einen Jungen vor dem Ertrinken. Der kleine Anthony war beim Spielen im See in Not geraten. Priscilla schwamm zu ihm und zog ihn rechtzeitig zurück ans Ufer. Richtig superheldenhaft ist auch die Geschichte von Hängebauchschwein Lulu: Als ihre Halterin JoAnn einen Herzinfarkt hatte, legte Lulu sich quer auf die Straße und quiekte, als hätte sie sich verletzt. Ein Fahrer hielt an und Lulu führte ihn zu JoAnn. Für diese saustarke Rettung bekam Lulu sogar eine Tapferkeitsmedaille!

Sonderausgabe Sauberühmt

Chengdu | Dienstag, 17. Juni 2008

+++ Saugünstig +++ 0,30 Euro

Zhu Jianqiang heißt übersetzt so viel wie „willensstarkes Schwein“. Ein seltsamer Name für ein Schwein? Nicht wenn man bei einem Erdbeben 36 Tage lang unter Trümmern überlebt und so zum Nationalhelden wird. Genau das ist nämlich dem gleichnamigen Schwein in China passiert. Zhu Jianqiang sollte in seiner Stärke und seinem Mut zum Vorbild für die Menschen werden. Deshalb wurde der Eber natürlich auch nicht geschlachtet. Bis zu seinem natürlichen Tod im hohen Schweinealter von 13 hat er ein Zuhause in einem Museum gefunden. Dort war er für den Rest seines Lebens eine echte Touristenattraktion. Unzählige Besucher kamen, um ein Selfie mit dem berühmten Schwein zu knipsen. Ob Zhu Jianqiang das glücklich gemacht hat, wurde er allerdings nicht gefragt.

Kein Schwein ist gern allein

Schweine sind sehr soziale Tiere. Das heißt, der Kontakt untereinander ist von großer Bedeutung. In der freien Natur leben Schweine meist in Mutterfamiliengruppen – sogenannten Rotten. Während die Papas, also die ausgewachsenen Eber, nur in der Paarungszeit dazustoßen, leben Schweinemamas, Omas, Tanten, Ferkel und Jungtiere das ganze Jahr zusammen. Körperkontakt ist den Tieren dabei ganz, ganz wichtig.

Wenn es kalt ist, kuscheln sich Schweine eng aneinander. Rüssel an Rüssel. Oder Rüssel an Ringelschwanz. Oder wie auch immer es gerade am bequemsten ist. Und zur Begrüßung gibt es einen liebevollen Rüsselstupser. Wenn ein Schwein stirbt, trauern die anderen.

Doch bei aller Freundlichkeit – bei Schweinen ist ganz klar, wer die Chefin ist. Die darf immer zuerst ans Futter. Und wenn ein neues Schwein in die Gruppe kommt, kann es eine Weile dauern, bis es so richtig dazugehört und es keinen Streit mehr gibt.

Fantastische Fakten

- Nicht nur Heldenschwein Priscilla – alle Schweine sind hervorragende Schwimmer. Auf einer Insel der Bahamas lebt eine schwimmende Schweinegruppe, die weltberühmt ist.

- Im Schweinsgalopp flitzen Schweine mit einer Geschwindigkeit von bis zu 50 Kilometern in der Stunde.
- Schweine nutzen ihre bewegliche Rüsselscheibe zum Tasten. In der kleinen, runden Scheibe befinden sich mehr Tastzellen als in beiden Menschenhänden zusammen!

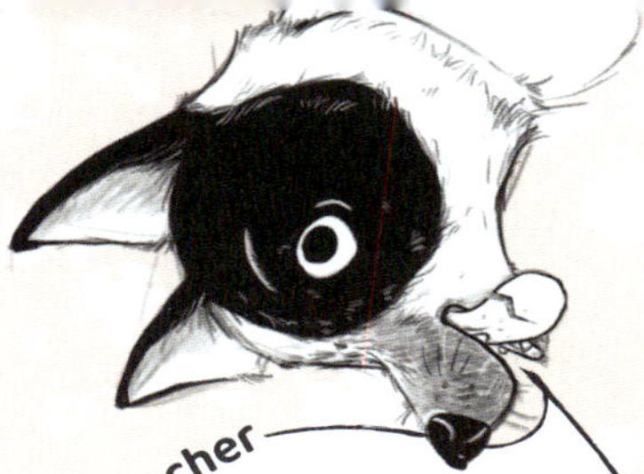

zungen brecher

Fünf Ferkel fressen frisches Futter.

Dreckschwein? Nein!

Hausschweine sind dreckig und stinken? Quatsch! Schon wieder so ein Vorurteil! Schweine sind einfach richtig dufte – jedenfalls, wenn der Mensch sie lässt. Schweine stinken nur, wenn sie in einem viel zu kleinen Stall leben müssen. Wenn Schweine Platz haben und nach draußen dürfen, dann ist ihr Klo immer ein ganzes Stück von ihrem Liegeplatz entfernt. Und ein Schlammbad ist nicht schmuddelig, sondern gut für die Borsten. Schweine-Wellness sozusagen. Die Schlammkruste schützt zudem vor lästigen Mücken – und auch vor Sonnenbrand. Und der kühle Matsch ist im Sommer überlebenswichtig, weil Schweine nicht schwitzen können. Ab 18 Grad Außentemperatur gehört Suhlen zum Pflichtprogramm.

EinzigARTig

Krümel & Fussel

Darf ich vorstellen? Das hier sind Krümel und Fussel. Die beiden sind Wollschweine – auch Mangalitza-Schweine genannt. Anders als unzählige ihrer Artgenossen dürfen Krümel und Fussel bis an ihr Lebensende einfach nur ein grunzglückliches Leben auf einem kleinen, ehemaligen Bauernhof in Oberfranken führen. Krümel ist ein sogenanntes Schwalbenbäuchiges Wollschwein. Das heißt: Sein Rücken und sein Gesicht sind fast schwarz, während sein Bauch und sein Hals hell sind. Fussels Fellfarbe ist weiß. Obwohl besonders Wollschweine mit weißem Fell ziemliche Ähnlichkeit mit Schafen haben, strickt man aus ihrer „Wolle" keine Pullover. Die wären ganz schön borstig!

Zu Krümel und Fussels Gehege gehört auch ein kleines Waldstück mit Suhle. Das ist toll, denn Schweine brauchen Bäume, um sich daran zu schubbern. Ihr Zuhause teilen sich die beiden mit einer netten Hühnerbande. Und so eine WG ist richtig praktisch: Die Hühner freuen sich immer sehr darüber, wenn die Wollis ihre Rüssel in die Erde wühlen, denn dann müssen sie selbst gar nicht mehr lange nach Würmern suchen. Mit den Pferden nebenan unterhalten sich die Grunzlinge auch gerne mal. Denn (Woll-)Schweine sind sehr gesellig und verstehen sich mit allen, die freundlich zu ihnen sind.

Die beiden ungefähr 200 Kilo schweren Schweine sind supernett, superneugierig und superlustig. Und Kuscheln kann man mit ihnen besser als mit manchem Hund. Weil sie mit einer Kinderbuchautorin zusammenwohnen, sind sie sogar Hauptdarsteller in verschiedenen Büchern geworden. Anders als in ihren Buch-Abenteuern haben sie ihr geliebtes Zuhause im echten Leben noch nie verlassen. Schweine wissen es eben auch sehr zu schätzen, wenn sie es sich einfach mal grunzgemütlich machen können.

Wörter-Wissen

„Schwein gehabt!“ sagt man oft, wenn jemand Glück hat. Die Redensart geht auf Wettschießen zurück, bei denen man seit dem Mittelalter oft Tiere als Preise absahnen konnte. Wobei der schlechteste Schütze ein Ferkel bekam – und zwar nicht als Trostpreis, sondern um ihn lächerlich zu machen. Später wurde daher oft der geringste Geldpreis bei einem Spiel im übertragenen Sinn „Schwein“ genannt. Und gerade wenn jemand für eine nicht besonders beeindruckende Leistung trotzdem noch irgendeine Art von Belohnung bekommt, nennt man diese Art von glücklicher Wendung heutzutage immer noch „Schwein haben“.

Superrüssel voraus!

Haus- und Wildschweine besitzen mehr als 1.300 Gene, die für die Funktion der Duftsensoren im Rüssel zuständig sind. Gene sind winzig kleine Bestandteile des Bauplans eines Lebewesens. Und 1.300 davon sind eine ganze Menge! Kein Wunder, dass Schweine bekanntermaßen so gut darin sind, wertvolle Trüffelpilze im Boden zu erschnüffeln. Sogar bei der Suche nach Sprengstoffen oder Landminen können sie wertvolle Hilfe leisten.

Ganz anders als ihr Geruchssinn ist ihr Geschmackssinn allerdings nicht sehr gut ausgebildet: Nur wenige Gene sind dafür zuständig, Bitterstoffe zu erkennen und auch süße und herzhafte Aromen nehmen Schweine nicht so gut wahr. Das erklärt vermutlich, warum die Allesfresser auch Sachen schnabulieren, die für Menschen ganz und gar nicht lecker schmecken.

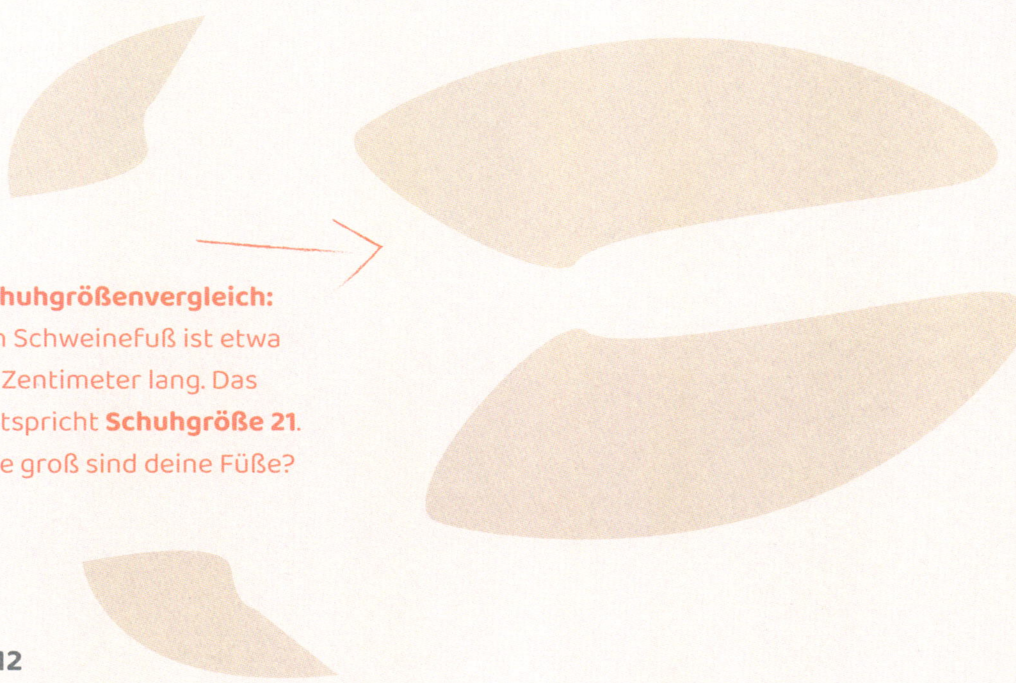

Schuhgrößenvergleich:
Ein Schweinefuß ist etwa **13** Zentimeter lang. Das entspricht **Schuhgröße 21**. Wie groß sind deine Füße?

Das Rind

Das Rind

Säugetier

Lebenserwartung: bis zu **25** Jahre

natürlicher Lebensraum: Wiesen und Weiden

Nahrung: Wurzeln, Gras, Getreide, Klee, Heu

Gewicht: ungefähr zwischen **150** und **1.200** Kilogramm. 1.200 Kilogramm wiegt ein kleines Auto.

Größe: ungefähr **1,20** bis **2** Meter Stockmaß. Ein Rind ist also nicht nur so schwer wie ein kleines Auto. Es kann auch problemlos darüber schauen.

~~Dumme~~ Clevere Kuh

Auch eine Kuh ist ganz und gar nicht dumm. Und ein Ochse genauso wenig. Rinder können bis zu hundert verschiedene Herdenmitglieder unterscheiden. Und das nicht nur auf der Weide oder im Stall, sondern auch auf Fotos. Außerdem lernen Rinder, indem sie sich Tricks von ihren Herdenmitgliedern abschauen. Wenn ein Rind den Elektrozaun berührt, wissen die anderen Tiere ganz genau, dass sie selbst ab sofort lieber gleich einen großen Bogen darum machen. Was das Zusammenleben mit anderen angeht, sind Rinder ebenfalls tierisch schlau – sogar schlauer als mancher Mensch. Oft spüren sie sofort, welchem Zweibeiner sie vertrauen können. Sie können also Situationen richtig einschätzen. Gerade, wenn es brenzlig wird. Aus dem Grund kommt es immer wieder vor, dass Rinder es schaffen, beim Transport Richtung Schlachthof zu fliehen. So wie Elsa und Ferdinand. Beide haben die Menschen auf ihrer turbulenten Flucht wochenlang auf Trab gehalten. Und beide hatten am Ende das riesige Glück, einen Platz zum Altwerden zu finden – dank engagierter Tierschützer, die alles getan haben, um ihre Leben zu retten.

KUHmunikation „Kuh-Isch" ist eine sehr abwechslungsreiche Sprache. Jede Kuh macht so viel mehr als nur „Muh". Rinder können viele verschiedene Gefühle zum Ausdruck bringen. Durch allerlei „kuhle" Laute und ihre Körperhaltung teilen sie ihren Artgenossen mit, wie es ihnen geht. Ob sie zufrieden sind, ihre Ruhe haben wollen, wütend sind oder es ihnen schlecht geht. Auch das ist natürlich wichtig für das Miteinander. Rinder merken sich außerdem Stimmen ganz genau – sowohl die „ihrer" Menschen als auch die von Artgenossen. Einem Kalb ist der Ruf seiner Mutter schon kurz nach der Geburt vertraut. Wenn es gerade einmal ruhig in der Herde ist, greifen Rinder auf ihren Geruchssinn zurück. Selbst mitten in der Herde kann die Mutter ihr Kalb ohne Probleme erschnuppern.

Das ist Elsa.

Das ist Ferdinand.

Bayerisches Extrablatt

Deggendorf | Freitag, 2. September 2011 +++ Preis geht auf keine Kuhhaut +++ 12,50 Euro

Auf ähnliche Weise wie Elsa und Ferdinand ist eine Kuh namens Yvonne berühmt geworden. Nach ihrer Flucht lebte sie erst wochenlang unentdeckt in einem bayerischen Wald – bis sie beinahe in ein Polizeiauto gerannt wäre. Ab da betrachteten die Behörden sie als Sicherheitsrisiko und versuchten alles, um sie einzufangen. Weil das nicht gelang, sollte Yvonne abgeschossen werden, was in den Medien entsetzte Reaktionen auslöste. Sogar die „New York Times" berichtete und ab da verfolgte fast die ganze Welt die spannende Spurensuche. Yvonnes Fangemeinde wuchs. Es gab T-Shirts, Lieder und vieles mehr! Der Hilferuf erreichte auch die Tierretter von Gut Aiderbichl, einer Tierschutzorganisation, die Tieren in Not hilft und ihnen ein „Für-immer-Zuhause" schenkt. Dem Team von Gut Aiderbichl gelang es, Yvonne einzufangen. Ab da durfte die tierische Berühmtheit, genau wie ihre Schicksalsgenossen Elsa und Ferdinand, ein glückliches Leben führen – und das war ihr bestimmt sehr viel wichtiger als der ganze Rummel.

Kuschelnde Kühe

Ein glückliches Rind ist nie allein. Rinder sind sehr gesellige Tiere. Das geht gleich nach der Geburt los. Die Bindung zwischen Mutterkuh und Kalb ist lebenswichtig. Wenn sie von ihren Kälbern getrennt werden, damit sie zur Milchproduktion genutzt werden können, trauern Kühe schwer und rufen und suchen noch lange Zeit nach ihnen. Das Kalb leidet ebenfalls sehr unter der Trennung. Auch außerhalb ihrer Familie schließen Rinder richtige Freundschaften, die ein Leben lang halten. Tiere, die sich besonders mögen, stehen auf der Weide gerne nah beieinander. Sie kuscheln und lecken sich gegenseitig das Fell. Aber auch gegenüber Menschen können Rinder sehr zutraulich werden.

Jedes Herdenmitglied hat seinen ganz bestimmten Platz. Die schlauesten, neugierigsten und selbstbewusstesten Exemplare sind meistens die „Chefs". Wird ein Leittier älter und schwächer, dann wird der Rang neu ausgehandelt. Das geht in der Regel aber recht unkompliziert und friedlich vonstatten. Eine kleine, spielerische Rangelei mit den Hörner macht die neue Ordnung klar. Wenn sich die Rinder schlafen legen, sind sie übrigens immer ihrem jeweiligen Rang nach angeordnet.

Fantastische Fakten

- Rinder können Treppen hoch-, aber nicht mehr runtergehen, weil sie ihre Knie nur schwer beugen können. Ein Rind steht immer mit den hinteren Beinen zuerst auf.
- Beim Grasen legen Rinder täglich bis zu 13 Kilometer zurück.
- Ein Rind trinkt am Tag bis zu hundert Liter Wasser – das ist so viel, wie in eine Badewanne passt.
- Hörnerwissen: An den Hörnern einer Kuh kann man ablesen, wie viele Kälber sie geboren hat. Bei jeder Geburt bildet sich ein neuer Ring im Horn. Über die Hörner leiten Kühe außerdem Hitze ab und schützen so ihr Gehirn. Deshalb haben Rinder in warmen Regionen der Erde oft viel größere Hörner als hier bei uns.

Europäisches Rind

Asiatischer Wasserbüffel

Rundumblick

Durch ihre seitlich liegenden Augen haben Kühe ein sehr großes Sichtfeld. Sie können sozusagen ohne den Kopf zu drehen hinter sich schauen. Allerdings sehen sie insgesamt nicht so gut – weniger scharf und räumlich als Menschen. Grün und Blau erkennen Rinder sehr gut, während sie Rotes schlechter sehen können. Beim Stierkampf stört den Stier also nicht das rote Tuch, sondern der Torero, der einfach alles versucht, um das Tier wütend zu machen.

So ein KUHdelmuddel

Hm, wie heißt das denn jetzt? Kuh oder Rind? Ochse oder Bulle? Bei den vielen verschiedenen Begriffen kann man schon mal ein bisschen durcheinanderkommen! Also: Junge, weibliche Rinder heißen Färsen. Erst nachdem sie ihr erstes Kalb geboren haben, nennt man sie Kuh. Männliche Rinder werden als Stiere oder Bullen bezeichnet. Ein kastrierter Bulle ist ein Ochse.

EinzigARTig

Nico vom Erdlingshof

Schau mal, das ist Nico. Nico wurde in einem konventionellen Milchbetrieb geboren. Weil Bullen keine Milch geben, haben sie hier keinerlei Nutzen. Sie kommen sehr früh in die Mast und werden dann geschlachtet.

Nico ist zum Glück schon als Kalb auf dem Erdlingshof gelandet. Dort kümmerte man sich auch um eine üble Verletzung an seinem Bein, die vermutlich schon bei seiner Geburt passiert ist. Allerdings gab es keine Chance auf Heilung und es blieb nur die Möglichkeit, den Fuß zu amputieren. Und weil sich alle auf dem Erdlingshof mit ganzem Herzen und aller Kraft dafür eingesetzt haben, ist Nico nun eins der wenigen Rinder auf der ganzen Welt (und in Deutschland vielleicht das einzige), das eine Beinprothese hat!

Endlich kann Nico wieder mit den anderen Rindern über die Weide flitzen und toben. Die tägliche Pflege des Beinstumpfes wie auch die regelmäßigen Besuche des Orthopäden, wenn Nico wieder eine neue Prothese braucht, macht er geduldig mit – am liebsten natürlich, wenn er dabei ausgiebige Streicheleinheiten bekommt. Wie einige seiner Artgenossen auf dem Erdlingshof lässt er sich nämlich gerne von den Menschen durchkraulen. Eine seiner besten Rinder-Freundinnen ist die Kuh Ella. Wie sehr er sie mag, zeigt er ihr regelmäßig, indem er sie ausgiebig abschleckt. So leidenschaftlich, dass Ella hinterher oft mal aussieht, als hätte sie ein Bad genommen.

Ella und Nico

Gut gekaut ist halb verdaut

Rinder sind Wiederkäuer – genau wie Schafe und Ziegen. Der Magen von Wiederkäuern hat verschiedene Abteile, die nennt man Vormägen. Dort landet die Nahrung – also vor allem Gras – nach kurzem Kauen. Nach dem Essen legen sich die Tiere gemütlich hin und würgen die Nahrung wieder in ihr Maul. Erst jetzt kauen sie gründlich und ausgiebig und schlucken alles in den eigentlichen Magen, wo der Grasbrei schließlich richtig verdaut wird. Wenn eine Kuh ausgestreckt auf der Wiese liegt, ist sie also ganz und gar nicht faul. Sie kümmert sich ausgiebig um die bestmögliche Verwertung ihrer Nahrung.

Wörter-Wissen

„Die Kuh ist vom Eis!“, seufzt man ab und zu erleichtert, wenn sich eine Lösung für eine knifflige Situation gefunden hat. Diese Redensart hat ihren Ursprung in Zeiten, als grasende Rinder auf der Weide noch überall ein vertrauter Anblick waren. Da die Tiere lange auf den Wiesen standen, konnte es vorkommen, dass der Nachtfrost im Herbst oder Winter den Untergrund plötzlich in eine Rutschbahn verwandelte. In so einem Fall war es gar nicht so leicht, die Rinder von den Weiden zurück in den Stall zu bringen, ohne dass sich die wertvollen Tiere dabei verletzten.

Fester Stand:
Ein Rinderfuß ist etwa **14** Zentimeter lang. Was ist größer: dein Fuß oder die Rinderklaue? Probier es aus!

Das Huhn

Das Huhn

Vogel

Lebenserwartung: bis zu **10** Jahre

natürlicher Lebensraum: Wälder und Wiesen

Nahrung: Körner, Gras, Insekten, Beeren, Schnecken, Würmer, Sämereien

Gewicht: ungefähr **2** bis **5** Kilogramm. Das ist so viel wie **25** Äpfel.

Größe: ungefähr **30** bis **40** Zentimeter. Ein schlankes Huhn könntest du also in einem Schulranzen mitnehmen. Aber das macht kein Huhn freiwillig mit!

Gack-gack-ganz schön schlau!

Natürlich gibt es auch das „dumme Huhn" nur sprichwörtlich. Die gefiederten Gackertiere haben richtig Köpfchen! Obwohl ihre Gehirne kaum größer als eine Walnuss sind, gleicht die Intelligenz von Hühnern in mancherlei Hinsicht der von Menschenaffen oder kleinen Kindern. Anhand von verschiedenen spielerischen Experimenten – in einer „Kükenschule" mit zehn gefiederten Schülerinnen und Schülern – konnten kleine Küken ohne Probleme bis fünf zählen. Dazu mussten sie sich merken, an welcher Stelle in einem Kästchen Futter zu finden ist. Hühner können rational, also vernünftig, urteilen und dafür ihre Bedürfnisse (oder ihr Magenknurren) erst einmal hinten anstellen: Wenn sie einen besonders guten Leckerbissen gefunden haben, es aber aus irgendeinem Grund besser ist, nicht gleich hungrig loszupicken, zügeln sie ihren Appetit lieber für eine Weile. Auch ihr Gedächtnis ist beachtlich. Die Flugbahn eines Balls beispielsweise können sich Hühner bis zu drei Minuten lang merken und ihn so ausfindig machen. Ihre Neugier und Entdeckerlust sind bei Hühnern, wie bei allen Lebewesen, ein Zeichen für Schlauheit. Und natürlich ist jedes Huhn eine echte Persönlichkeit. Es gibt übermütige Hühner, wagemutige, scheue und vorsichtige.

Gacker-Grammatik Hühner sind bestens darin, sich miteinander zu „unterhalten". Sie haben immer einiges zu gackern. So geben sie ganz bestimmte gurrende Warnlaute von sich, wenn Gefahr droht – zum Beispiel, wenn ein angriffslustiger Raubvogel über ihrem Gehege kreist. Wenn eine Henne sich alleine fühlt und vom Hahn „abgeholt" werden möchte, gibt sie auch einen speziellen Ruf von sich. Oder wenn sie ein Ei gelegt hat. Hühner können sich sogar mit verschiedenen Tönen über unterschiedliche Futterarten informieren – das eine Huhn gackert also dem anderen genau zu, was für einen Leckerbissen es entdeckt hat. Hennen sprechen schon zu ihren ungeborenen Küken unter der Eierschale – gar nicht viel anders als Menschen-Mütter mit Babybauch. Damit bringen sie dem Nachwuchs erste „Wörter" bei.

Berühmtes Federvieh

Kosovo | Montag, 20. März 2017 +++ Kräht kein Hahn nach +++ Kostenlos

Schon mal einen ein Meter großen Hahn gesehen? Den gibt es wirklich! Sein Name ist Merakli und er wohnt mit seinen Hennen im Kosovo. Er ist ein Brahma-Huhn, eine Rasse, die sehr groß gezüchtet wurde. Dennoch ist Merakli ein ganz besonders stattliches Exemplar. Er bringt fast 8 Kilo auf die Waage und wurde schon mit einem Menschen im Hühnerkostüm verwechselt. Videos des Riesenhahns haben schon viele Leute auf der Welt zum Staunen gebracht.

Ei, Ei, Ei!

Die Urhühner, die auch heute noch in Asien leben, legen nur zwei- bis dreimal im Jahr ein bis zwölf Eier. Eben immer dann, wenn sie Junge ausbrüten. Die hochgezüchteten Legehennen in großen Betrieben „produzieren" hingegen locker 300 Eier im Jahr. Das ist sehr anstrengend für die Hühner – und auch alles andere als gesund.

Übrigens scheint es kein Zufall zu sein, dass die Ostereier erfunden wurden. Denn ziemlich pünktlich zu Ostern – wenn die Tage länger und wärmer werden – geht es bei natürlich gehaltenen Hühnern nach der Winterpause wieder los mit dem Eierlegen. Und Hühner, die überall herumlaufen können, „verstecken" außerdem schon mal gerne ihre Eier. Zeitgleich sieht man viele Hasen draußen auf den Wiesen und Feldern ... Es fragt sich also nur noch, wer die Ostereier am Ende bunt anmalt. Bunte Eier gibt es bei Hennen übrigens nicht nur zu Ostern. Araucana-Hühner legen zum Beispiel türkisfarbene Eier. Und Maran-Hühner schokobraune.

Araucana-Eier

Kein Hick-Hack im Hühnergehege

Bei Hühnern wird im alltäglichen Zusammenleben wenig dem Zufall überlassen. Unter den Hennen ist ganz klar, wer die Chefin ist – und die darf im Stall meist neben dem Hahn auf der Stange sitzen. Die restlichen Hühner haben eine bestimmte Rangfolge, je nach ihrer Stellung in der Gruppe. Gibt es mehrere Hähne, müssen die auch erst aushandeln, wer der Boss ist, damit das Zusammenleben ohne zu viel Stress funktioniert. Das klappt aber nur, wenn im und um den Stall herum genug Platz ist und die Tiere sich auch mal aus dem Weg gehen können. Solange nicht mehr als etwa hundert Hühner zusammenleben, erkennen sie sich untereinander – und zwar indem sie Kehllappen und Kamm der Mitbewohner ganz genau betrachten. Je mehr Tiere zusammenleben, desto schwieriger ist das. Das Zusammenleben wird für die Hühner dann ganz schön stressig.

Hoch hinaus

Dass Hühner so gerne auf Stangen sitzen, hat mit ihren wilden Vorfahren zu tun. Wildlebende Hühner schlafen in den Ästen der Bäume. Denn dort fühlen sie sich sicher vor Fressfeinden. Je höher, desto besser. Manche Haushuhnrassen schlafen auch heute noch gerne in Bäumen, wenn sie die Gelegenheit dazu haben.

Fantastische Fakten

- Die Vorfahren der Hühner sind die Dinosaurier. Wissenschaftler konnten nachweisen, dass Hühner mit dem Tyrannosaurus Rex verwandt sind!
- Hühner träumen im Schlaf, genau wie Menschen (und wie wir Hunde).
- Hühner können ihre Augen kaum bewegen, deshalb muss ständig die Position des Kopfes verändert werden – daher die ruckartigen Bewegungen.
- Hähne krähen, um ihr Revier zu markieren und als Imponiergehabe – nicht, um ihre Menschen zu wecken.

Gackersaurus Rex

Flatterfreunde für immer!

Hühner pflegen Freundschaften und trauern, wenn eine treue Begleiterin stirbt. So haben Frau Sperber und Wilma vom Erdlingshof am liebsten zusammen im Hundekörbchen geschlummert und gekuschelt. Seit Wilma gestorben ist, liegt Frau Sperber dort allein, und dass sie ihre Freundin vermisst, ist ihr deutlich anzumerken. Ab und zu sucht sich eine Henne auch eine ganz besondere Freundin aus: Die ehemalige Legehenne Carlotta hat in ihrem zweiten Leben auf dem Begegnungs- und Gnadenhof Dorf Sentana ausgerechnet Schaf Bärbel in ihr Herz geschlossen! Carlotta macht es sich liebend gerne auf Bärbels Rücken gemütlich. Aber wirklich nur auf ihrem. Andere Schafe interessieren Carlotta kein bisschen und sie erkennt ihr Lieblingsschaf ganz genau. Hühner können sich auch in andere hineinversetzen. Wenn eine Henne mitbekommt, dass es ihren Küken nicht gut geht, gerät sie selbst in Stress. Und als Henne Lucy sich ein Bein gebrochen hatte und im Krankenlager nichts mehr essen wollte, munterte Gackerfreundin Penny sie wieder auf. Bis heute sind sie beste Freundinnen, und weil Lucy nicht mehr richtig laufen kann, guckt Penny regelmäßig, ob es ihr auch gut geht. Mit Geduld, Gefühl und Leckerchen können Hühner auch Menschen gegenüber sehr zutraulich werden. Sie trauen sich, aus der Hand zu essen, und manche genießen es sogar, wenn man ihnen die Federn krault.

© Dorf Sentana

Glücksstaub Ein zufriedenes Huhn staubt vor Glück! Die Tiere lieben es, sich im trockenen Sand oder in der Erde zu räkeln. Das fühlt sich nicht nur gut an. Der Staub reinigt die Federn und befreit die Hühner von Krabbeltieren. Wenn die Hühner gerade nicht schlafen oder sandbaden, dann picken und scharren sie am liebsten den ganzen Tag im Boden herum. Auf der Suche nach Samenkörnern, Würmern und Insektenlarven. Auch deshalb sollte ein Hühnergehege unbedingt ausreichend Platz bieten – je größer, desto besser.

EinzigARTig

Trulla

Trulla hat den ersten Teil ihres Lebens in einer konventionellen Bodenhaltung verbracht. Die Hühner leben dort dicht an dicht, Sonnenlicht und frisches Grün bekommen sie in der Regel nicht vor den Schnabel. Glückshuhn Trulla aber durfte für die zweite Hälfte ihres Lebens auf Hof Butenland einziehen. Der Hof im Norden Deutschlands ist eigentlich ein Kuh-Altersheim. Aber auch für so manch anderes Tier ist dort genug Platz und Liebe vorhanden.

Da Trulla nach ihrer Ankunft kaum noch Federn hatte, wurde sie erst einmal in ein schützendes Mäntelchen gepackt. Mit ihren Federn wuchs auch ihr Zutrauen zu den menschlichen Zweibeinern und es hat nicht lange gedauert, bis Trulla ein vollwertiges Familienmitglied war. Bald thronte sie gemütlich auf dem Fernsehsessel im Wohnzimmer (die neidischen Blicke von Hund Sir Archie ignorierte sie dabei gekonnt), inspizierte neugierig die Spülmaschine, stibitzte frech aus den Hundenäpfen und ließ sich gerne und ausgiebig von ihren Menschen kraulen. Und es kam so manches Mal vor, dass sie das wohlverdiente Päuschen von einem ihrer Streifzüge auf dem Rücken von Schwein Eberhard abhielt.

Dass Trulla jeden Tag ein Ei legte, erwartete in ihrem zweiten Leben niemand mehr. Ganz im Gegenteil. Mittels eines Hormon-Chips wurde das sogar verhindert – und damit auch, dass Trulla eine der Krankheiten bekam, an denen viele hochgezüchtete Legehennen sterben. So konnte die liebe Trulla noch eine ganze lange Weile ihr freies und selbstbestimmtes Leben auf Hof Butenland genießen.

Wörter-Wissen

„Mit dem hab ich noch ein Hühnchen zu rupfen“, hört man manchmal jemanden sagen. Aber das ist in der Regel nicht wortwörtlich gemeint – zum Glück für das arme Huhn! Man meint damit, dass man jemanden noch wegen einer ziemlich unangenehmen Sache zur Rede stellen muss. Dieses Sprichwort hat wohl damit zu tun, dass der Begriff „rupfen“ früher noch etwas anderes bedeutete. Nämlich „tadeln“ oder „ausschimpfen“. Und später wurde dann derjenige, der den Tadel über sich ergehen lassen musste, in der übertragenen Bedeutung eben zum gerupften Huhn, dem es beim Streit gehörig an die Federn ging.

Der Hahn im Korb

Der Hahn hat in der Hühnergruppe alle Flügel voll zu tun. Er schlichtet, wenn zwei Hennen sich streiten, und kümmert sich überhaupt bestens um seine Damen. So warnt er sie vor Gefahren, hält alle zusammen und ruft sie zu sich, wenn er einen besonders tollen Leckerbissen findet, den er dann großzügig für sie übrig lässt. Manchmal trägt er ihnen diesen sogar hinterher, um ihn charmant zu servieren! Dabei führt er auch gerne mal ein elegantes Trippel-Tänzchen auf, um seine Mitbewohnerinnen noch mehr zu beeindrucken. Wobei natürlich jeder Hahn eine besondere Persönlichkeit ist: Manche sind selbstbewusste Machos und verteidigen ihre Gackerdamen sogar gegenüber den Menschen. Andere Hähne sind sensibler und machen um die menschlichen Zweibeiner lieber einen Bogen. Übrigens, wenn Hühner ohne Hahn zusammenleben, dann spielt schon mal eine der Damen den Herrn. Es kommt sogar vor, dass die Chef-Henne am Morgen zur Begrüßung kräht – was ebenso schief wie lustig klingt.

„Gib mir Fünf!“ Ach nein: Hier muss es ja „Gib mir vier!“ heißen. Passt der Hühnerfuß in deine Hand?

Die Ziege

Die Ziege

Säugetier

Lebenserwartung: bis zu **18** Jahre

natürlicher Lebensraum: Weiden und Bergregionen

Nahrung: Blätter, Gräser, Früchte

Gewicht: ungefähr **30** bis **120** Kilogramm. Das ist so viel wie circa **6** Fahrräder.

Größe: ungefähr **50** bis **100** Zentimeter. Was meinst du – könnte eine Ziege durch die Beine einer Kuh hindurchspazieren?

Ziegen sind auf Zack!

Ziege heißt auf lateinisch Capra und daher wiederum stammt das deutsche Wort kapriziös. Das bedeutet so viel wie launisch oder auch dickköpfig. Was die Ziegen angeht, ist das allerdings ganz und gar nichts Schlechtes! Denn wer einen Dickkopf hat, hat auch Köpfchen – ist also ziemlich schlau. Und Ziegen lassen sich sehr, sehr ungern etwas sagen. Dafür sind sie viel zu neugierig. Genau deshalb sind Ziegen auch berühmt für ihre Ausbruchskunst. Immer wieder finden sie einen Trick, um aus ihrem Gehege zu entkommen. Da genügt schon mal ein winziges Loch im Zaun. Denn herauszufinden, wie sie ihre teils sehr langen Hörner richtig durch den Spalt „einfädeln" müssen, damit die hindurchpassen, ist für Ziegen ein Klacks. Und überhaupt: Die Welt jenseits des Zauns ist immer spannender als ihre Gehege und sie wollen diese ausgiebig erkunden. Ziegen hassen Langeweile einfach ganz besonders. Stattdessen nehmen sie gerne sämtliche Herausforderungen an. Sie haben richtig Spaß daran, knifflige Aufgaben zu lösen. So können sie beispielsweise lernen, an verstecktes Futter in einer Kiste zu kommen, indem sie einen Hebel auf bestimmte Weise betätigen. Auch fällt es ihnen leicht, verschiedene Symbole zu unterscheiden – und was sie einmal gelernt haben, das vergessen sie nicht mehr.

So ein Gemecker! Zum Miteinander gehört auch bei Ziegen die richtige Verständigung. Ziegen meckern auf die verschiedensten Weisen – und jede Ziegen-Mama weiß genau, wie ihr Kind sich anhört. Bei Gefahr und in Angst geben sie ganz bestimmte Blök- und Pfeiftöne von sich.

Kletter-Künstler

Extreme Neugier und Entdeckerlust treibt Ziegen zu sportlichen Höchstleistungen an. Sie können bis zu eineinhalb Meter hoch springen und Klettern ist, neben Essen, ihre große Leidenschaft. Wie Katzen bewegen sie sich in den Ästen der Bäume und das ganz ohne Krallen, die ihnen Halt geben. Auch zum Ausruhen begeben sie sich am liebsten an etwas höher gelegene Plätze. Von dort ist die Aussicht am tollsten – und das heißt, sie sehen auch Feinde am schnellsten. Die besten und höchsten Plätze sind dabei immer für die ranghöchsten Tiere reserviert. Und wenn der Stall zu klein ist, verwehren die auch mal den rangniedrigen Herdenmitgliedern den Zugang und lassen sie wortwörtlich im Regen stehen. Richtige Zicken? Nicht, wenn genug Platz für alle ist.

Promi-Ziege

Fair Haven | Mittwoch, 13. März 2019 +++ Määährkostenpreis +++ 3,00 Euro

Eine Ziege als Bürgermeister? In den USA geht das! Bei den Wahlen in Fair Haven durften nämlich die Kinder gegen eine Gebühr ein Tier als Kandidaten vorschlagen. Mit dem Geld sollte ein Spielplatz finanziert werden. Ziegenbock Lincoln hat am Ende gewonnen – knapp vor Hund Stella. Die Urkunde unterschrieb der Ziegenbock mit einem Hufabdruck. Der Ruhm hat ihm ansonsten allerdings nicht sehr gut gefallen. Er wollte das Rathaus auf gar keinen Fall betreten und es ist zu hoffen, dass Lincoln, trotz der Würde seines Amtes, seine Tage auf einer saftigen Weide verbringen darf.

© picture alliance / AP

Zicken-Clique

Auch eine Ziege will auf keinen Fall allein sein. Wenn sie von ihrer Gruppe getrennt wird und in einen anderen Stall umzieht, verweigert sie wegen ihres Heimwehs oft Essen und Trinken. Indem man sich als Mensch liebevoll mit der Ziege beschäftigt und mit ihr spricht, kann man ihr die Eingewöhnung leichter machen. Überhaupt können Ziegen sehr zutraulich werden. Bock Hubertus vom Erdlingshof hat seine Menschen liebend gerne bei der vormittäglichen Stallrunde auf dem Hof begleitet und auf seine Art mitgeholfen. Also auf Quatschkopf-Art! Prinzipiell fühlen sich die meisten Ziegen unter anderen Ziegen immer am wohlsten. Die geselligen, aufgeschlossenen Tiere können sich aber auch mit anderen Tieren anfreunden, zum Beispiel Pferden oder Schafen. Der Chef oder die Chefin der Herde ist meist eine ältere Ziege mit viel Lebenserfahrung. Übrigens sind Ziegen wie Schafe Fluchttiere. Aber während Schafe, wenn Gefahr im Anmarsch zu sein scheint, sofort das Weite suchen, denken Ziegen gern noch einen Moment nach, ob die Flucht auch wirklich nötig ist. Und wenn ein Mensch meint, seine Ziege zu erziehen – dann ist es in Wirklichkeit andersherum: Der Mensch muss sich gut überlegen, wie er das angeht. Es klappt nämlich nur, wenn er das Tier geduldig mit den passenden Argumenten überzeugt.

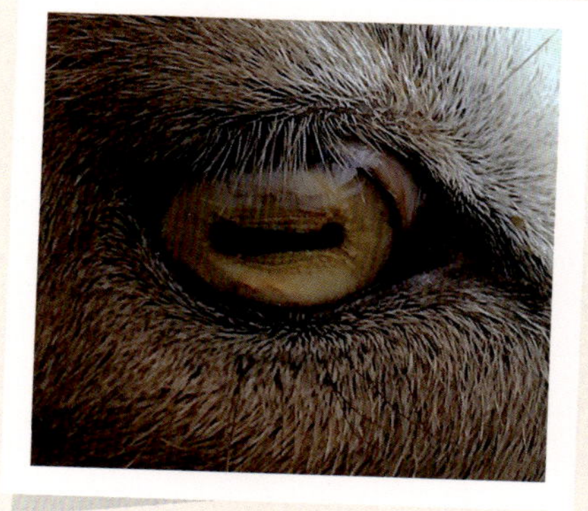

Fantastische Fakten

- Ziegen haben lange Pupillen. Die erweitern ihr Sichtfeld, sodass sie Feinde schnell erspähen können.
- Ziegen sind wasserscheu und mögen keinen Regen.
- Ziegen wurden schon vor 13.000 Jahren domestiziert – also vom Menschen gezähmt und als Haustiere gehalten.
- Für Menschen stinken Ziegenböcke fürchterlich – weibliche Ziegen hingegen finden diesen Geruch einfach herrlich!

Für die Geiß riecht der Bock richtig gut.

wäääählerisch

Wie Rinder und Schafe sind auch Ziegen Wiederkäuer. In kargen Zeiten kommen Ziegen mit sehr wenig Nahrung zurecht. Sogar in den trockensten, dürrsten Gebieten finden sie noch ein Hälmchen. Doch wenn sie es sich erlauben können, sind sie echte Genießer und ganz schön wählerisch. Auch deshalb sind sie ständig in Bewegung. In freier Wildbahn laufen sie den ganzen Tag über die Weiden. Sie essen Gras, aber auch Blätter und kleine Äste. Indem sie sich auf die Hinterbeine stellen, angeln sie sich die leckersten Blätter von den Bäumen. Vor allem von den jüngsten und kleinsten Exemplaren. Auch Baumrinde ist nicht vor ihnen sicher. Wer sich also dazu entscheidet, einer Bande Ziegen bei sich zu Hause ein schönes Leben zu ermöglichen, der muss so einiges beachten und sich immer wieder etwas einfallen lassen, um ihnen genug Abwechslung zu bieten.

Ziegenbock Hubertus vom Erdlingshof zum Beispiel hat sich liebend gerne mit einem großen Ball beschäftigt, der an einer Schnur aufgehängt war. Mit Kopf und Hörnern hat er ihn geschickt und geduldig immer wieder balanciert und umhergeschossen.

Hubertus mit seinem Lieblingsspielzeug

Hodor

Darf ich euch Hodor vorstellen? Hodor ist taub und bekommt deshalb nicht alles mit, was um ihn herum passiert. Das haben die anderen Ziegen in seinem alten Zuhause zu ihren Gunsten ausgenutzt. Er war der Rangniedrigste und wurde ziemlich geärgert. Erst als er auf einen privaten Gnadenhof zog, wurde Hodors Leben leichter. Dort traf er Ziegendame Liza, die ihn sofort in ihr Herz schloss. Liza war zwar Menschen gegenüber eher scheu, aber dafür umso treuer für ihren geliebten Gefährten da. Sie hat sich um ihn gekümmert und auf ihn achtgegeben. Selten war mehr als ein Meter Abstand zwischen den beiden.

Irgendwann sind Hodor und Liza gemeinsam auf den Begegnungs- und Gnadenhof Dorf Sentana umgezogen, wo die anderen Ziegen trotz seines Handicaps freundlicher zu Hodor waren. So wurde Hodor immer mutiger und selbstbewusster. So mutig sogar, dass Liza ihn bald nicht mehr beschützen musste. Freunde blieben sie, aber Hodor ging mehr und mehr seinen eigenen Weg. Für eine Weile war er sogar der Herdenchef und hat seine Mecker-Bande gekonnt und selbstsicher angeführt.

Mittlerweile ist er aber schon ein älterer Ziegen-Herr und hat deshalb den Chefziegenhügel lieber an Kollegin Mia weitergegeben. Und weil inzwischen auch seine Zähne nicht mehr die besten sind, gibt es für ihn von den menschlichen Zweibeinern ein Senioren-Verwöhnprogramm: zweimal täglich eine Extraportion eingeweichte Wiesenflakes. Trotz seines Alters ist er noch fit und darf sein Leben ruhig und gemütlich genießen.

Wörter-Wissen

Dass Tiere oft für Schimpfwörter herhalten müssen, wurde nun ja schon mehrmals gesagt. Als Zicke beschreibt man oft eine launische, eigensinnige Frau, und wenn mehrere „Zicken" sich zoffen, redet man sogar von „Zickenkrieg". Aber Moment mal? Männer können ja wohl ganz genauso zicken. Von einem „(Zimt-)Zicker" hat man trotzdem noch nie etwas gehört. Ganz schön unfair! Das Ziegen kein bisschen „zickig" und stur sind, sondern einfach nur besonnen und schlau, das hast du ja sowieso schon erfahren.

Wörter-Wissen international

Auf Englisch macht die Ziege „Baa!". In vielen anderen Ländern hat sie sich aber ein „e" als Vokal ausgesucht. So gibt sie in Frankreich „Bê!", in Italien „Bee!" und in Japan „Mee!" von sich.

Bitter macht lustig!

Ähnlich wie Schweine können auch Ziegen supergut schnüffeln. Zu verdanken haben sie das, neben ihrer Riechschleimhaut, dem sogenannten Jacobsonschen Organ. Das ist ein kleiner Kanal hinter den Schneidezähnen im Gaumen der Ziegen. Beim sogenannten Flehmen – mit gehobenem Kopf und geöffnetem Maul – nehmen die Tiere damit Gerüche auf. Gleichzeitig sind Ziegen aber auch sehr gut darin, verschiedene Geschmäcker – süß, sauer, salzig und bitter – zu unterscheiden. Das heißt allerdings nicht, dass sie bittere Sachen nicht mögen. Im Gegenteil. Bitter macht anscheinend lustig! Denn Ziegen lieben es, Tannenzweige zu knabbern und auch Salziges essen sie gerne. Während Menschen lieber mal Chips knuspern, schlecken Ziegen gerne an einem Leckstein.

So groß ist die Fußspur einer Ziege. Hättest du gedacht, dass Ziegenfüße **kleiner** als Hühnerfüße sind?

Die Pute

Die Pute

Vogel

natürlicher Lebensraum:
Misch- und Laubwälder mit Nähe zu Wiesen

Lebenserwartung:
bis zu **10** Jahre

Nahrung:
Samen, Blätter, Wurzeln, Früchte, Insekten, Nüsse und kleine Amphibien und Reptilien

Gewicht:
ungefähr **4** bis **12** Kilogramm – das ist so viel wie etwa **24** Tauben.
In der Mast wiegen Puten bis zu **20** Kilogramm.

Größe: ungefähr **75** bis **125** Zentimeter – also größer als viele Hunde …

Schon mal eine Pute gesehen?

Wahrscheinlich nicht, oder? Und das obwohl hier in Deutschland zig Millionen dieser Tiere leben. Allerdings meist gut „versteckt“ in riesigen Ställen ohne Tageslicht. Dabei sind Puten, die man auch Truthühner nennt, absolut sehens- und liebenswert! Vor allem die männlichen Tiere, die Truthähne, von denen du wahrscheinlich schon gehört hast, geben sich gerne ganz besonders eindrucksvoll. Mit ihren langen Kehllappen und den bunten Hautlappen an den Hälsen wollen sie den Weibchen gefallen. Und natürlich mit ihrem eleganten Balztanz, bei dem sie ihre Federn sträuben und ihr radförmiges Gefieder elegant aufrichten.

Aber nicht nur den Damen wird imponiert. Truthahn Luis begrüßt zum Beispiel auf „seinem“ Hof liebend gerne die menschlichen Besucher am Tor. Und dabei gibt er alles, um diese gebührend zu beeindrucken. Er fächert seinen Schwanz wie ein Pfau und genießt die Aufmerksamkeit, die er dadurch bekommt, mit allen Federn.

Koller-Konzert Ebenso unbekannt wie ihr Aussehen sind den meisten die Geräusche, die Puten machen: das sogenannte Kollern. Die Geräusche sind genauso einzigartig wie die Tiere selbst. Über 20 verschiedene Töne haben Puten parat. So können sie sich bestens miteinander verständigen. Wenn eines der Tiere Gefahr wittert, „kollert“ es los und alle anderen machen sofort mit – der etwas andere Chor! Und apropos musikalische Puten: Manche Tiere haben sogar eine Vorliebe für Musik, lauschen gerne und zwitschern, gackern und singen zu ihrem Lieblingssong oder reagieren auf Pfeifen und Singen.

Das ist Luis.

Lia mit ihrer Kuscheldecke

© Federherz e.V.

© Erdlingshof

Links auf der Bank sitzt Pute Lina.

Dumme Pute?

Auch die Pute ist wieder so ein Tier, das namensgebend für so einige Schimpfwörter ist. Doch Puten sind genauso neugierig und aufgeschlossen wie Hühner und möchten die Welt entdecken. Sie können gegenüber Menschen, die es gut mit ihnen meinen, zahm und zutraulich werden. Genau wie wir Hunde lieben Puten Kuscheldecken. Und auch hier hat jedes Tier eine ganz eigene Persönlichkeit und ist auf seine Weise absolut liebenswert – damit stehen sie uns Hunden und anderen Haustieren in nichts nach. Pute Lina zum Beispiel hat ihren Menschen gerne beim Nachmittagskaffee, gemeinsam mit Hund, Katze und Schwein, Gesellschaft geleistet und sich dabei kraulen lassen. Und wenn sie Gesellschaft gesucht hat, hat sie vor dem Fenster lautstark um Einlass gebeten.

Kanadischer Kurier

Kanada | Montag, 25. Juli 2022

+++ Eine zum Preis von Dreien +++ 6,00 Euro

© ETWP

Kennt ihr eine echte Promi-Pute? Vermutlich nicht – und das ist kein Zufall bei dem Schattendasein, das die zu Unrecht unterschätzten Tiere führen. Allerdings geht Truthahn Luis vom Erdlingshof mit seinen eleganten Hoftor-Tänzeleien schon mal mindestens als Lokal-Promi durch. Noch mehr Fans hat Cornelius, genannt Corno. Der ist nämlich einer der Mitbewohner von einer echten Rampensau: Esther! Die Schweinedame hat Tausende Fans auf der ganzen Welt. Es gibt Bücher und sogar einen Kinofilm über sie. Was sie so besonders macht? Sie ist einfach, wie sie ist: ein echtes und unglaublich liebenswertes Charakterschwein. Dank ihrer Besitzer darf sie ein glückliches Leben auf einem Gnadenhof in Kanada führen, und der zutrauliche Truthahn Corno ist ein wichtiger Teil davon. Genau wie Hund Phil. Zu dritt begeistern die Freunde Tag für Tag viele Fans auf der ganzen Welt. Allein ihre Instagram-Seite hat fast 600.000 Follower!

Truthahn-Truppe

In der freien Natur pflegen Puten ein ziemlich ungewöhnliches soziales Miteinander. Im Herbst und im Winter tun sich mehrere hundert Tiere zusammen – wobei Männchen und Weibchen in getrennten Gruppen leben.
In der Brutzeit sieht das anders aus. Die weiblichen Puten bilden Nistgemeinschaften, zu denen nur zwei bis fünf Hennen gehören. Nach dem Schlüpfen wiederum schließen sich die Puten-Mamas mitsamt Nachwuchs zu großen Gruppen zusammen. Dabei ist die Bindung zwischen Müttern und Kindern sehr eng. Bis zu sieben Monate passen die Puten auf die Jungtiere auf, kümmern sich um sie und beschützen sie vor Feinden.

Fantastische Fakten

- Wenn Puten gestört werden, zum Beispiel beim Eierlegen oder Brüten, können sie genauso laut fauchen wie Katzen.
- Puten haben einen super Orientierungssinn. Sie können sich genaue Einzelheiten in Gebieten von über vier Quadratkilometern merken. Das ist so viel wie 560 Fußballfelder!
- Angeblich wäre – wenn es nach Benjamin Franklin, dem Gründervater der USA gegangen wäre – nicht der Adler, sondern der Wilde Truthahn das Wappentier der USA geworden. Denn anders als der Adler, der den Fischern frech ihre Beute stiehlt, war der Truthahn in Lincolns Augen ein mutiger und nobler Vogel.

Achtung, Trutamäleons!

Man könnte glatt meinen, Truthähne seien mit Chamäleons verwandt. Männliche Puten haben nämlich eine sehr auffällige Besonderheit: Sie können die Farbe ihrer Haut an Kopf und Hals verändern! Sind die Tiere ruhig, ist die Haut rötlich. Bei Aufregung aber können diese Teile des Körpers bläulich oder weiß werden. Und dieser Wechsel klappt in Sekundenschnelle! Wie das funktioniert, hat sich Professor Seung-Wuk Lee von der Universität von Kalifornien genauer angeschaut. Mit einem gründlichen Blick unter das Mikroskop hat er mit seinen Kolleginnen und Kollegen das Geheimnis der Puten gelüftet:
Die Truthühner- und hähne haben auf der Haut winzige gebündelte Kollagenfasern. Kollagen ist eine Art Eiweiß, das sich auch im menschlichen Körper befindet. Unter anderem in der Haut. Bei Aufregung schwellen diese Bündel bei den Hähnen an und werden dicker. Bei ruhigen Tieren dagegen schrumpfen sie wieder zusammen. Und je nachdem, wie dick diese Faserbündel sind, bricht dort das eintreffende Licht auf unterschiedliche Weise – und leuchtet dadurch in einer anderen Farbe.

EinzigARTig

Bini vom Federherz-Hof

© Federherz e.V.

© Federherz e.V.

Bini hatte das Glück, als Küken aus einem Mastbetrieb gerettet zu werden. Jedoch kam sie von dort aus krank und schwach ins neue Zuhause. Ihre Menschen haben sie geduldig und liebevoll aufgepäppelt. Bini wurde schnell zutraulich und lebte wochenlang mit im Haus – nicht anders, als wir Hunde es tun.

Die Nächte hat sie auf einem Hundesofa im Menschenschlafzimmer verbracht und morgens ist sie fröhlich mit ins Badezimmer spaziert, um vom Waschtisch aus mit dem Wasserstrahl zu spielen. Sie war beim Frühstück in der Küche mit dabei und wusste genau, was sie am liebsten wollte: nämlich Müsli mit Gurke oder Banane. Ihr absolutes Leibgericht! Und wenn die Banane schon ein wenig braun war, hat Bini energisch den Kopf geschüttelt. So lange, bis es eine frische gab.

Überhaupt hat Bini ihren Menschen beigebracht, genau hinzuhören und die verschiedenen Putenlaute zu verstehen. Kurz gesagt – Bini gehörte einfach zur Familie. Allerdings wurde sie, wie alle Mastputen, so gezüchtet, dass sie bei aller Liebe und Fürsorge kaum älter als ein Jahr werden kann. Mittlerweile ist Bini gestorben und ihren Menschen fehlt sie sehr. Doch so traurig es ist – Binis Schicksal hat vielen gezeigt, was für unglaublich tolle, sensible und liebenswerte Tiere Puten sind.

Wörter-Wissen

Wer ist wer?
Ein anderes Wort für Pute ist Haustruthuhn. Die Weibchen werden manchmal auch als Puthenne, Dinde oder Truthenne bezeichnet. Die Männchen wiederum nennt man Truthahn, Welschhahn oder Puter.

„Trut-trut"
Sehr wahrscheinlich kommen die Begriffe Truthuhn und Pute von den Lockrufen, die die Puten-Mamas von sich geben, um ihre Küken zu sich zu rufen. Die hören sich nämlich an wie ein „Trut-trut" oder „Put-put".

Wilde Wald-Puten

Ursprünglich stammen Puten aus Mittel- und Nordamerika. Dort leben sie in Steppen, an Waldrändern und in Wäldern. Puten in Freiheit – oder mit viel Platz – verbringen einen großen Teil des Tages mit der Suche nach Nahrung. Sie mögen Gräser, Kräuter, Sämereien, feine Wurzeln und ab und zu auch mal einen Wurm. Zum Schutz vor Feinden verstecken sie sich im Unterholz. Und wie Hühner schlafen auch sie gerne auf Bäumen, weil sie sich dort sicher fühlen. Während wilde Puten fliegen können (wenn sie das auch nicht immer oft und gerne machen), ist den schweren Mastputen diese Fähigkeit abhandengekommen.

Ganze 12 Zentimeter misst ein Putenfuß.
Schaffst du es, ihn mit deiner Hand ganz zu bedecken?

© Federherz e.V.

Das Schaf

Das Schaf

Säugetier

Lebenserwartung:
bis zu
12 Jahre

natürlicher Lebensraum: Graslandschaften

Nahrung: Gras

Gewicht: ungefähr **50** bis **100** Kilogramm – so viel wie etwa **25** Hauskatzen.

Größe: ungefähr **1** Meter bis **1,90** Meter von Kopf bis Po – kennst du einen Erwachsenen, der länger ist? Frag mal nach.

Schafer Verstand!

Auch wenn man in einer großen Herde das einzelne Schaf gerne mal aus dem Blick verliert – jedes von ihnen ist auf seine Weise ganz besonders und auch ganz besonders schlau. So hat man herausgefunden, dass Schafe sehr lernfähig sind und sich beispielsweise gezielt Wissen über die medizinische Wirkung bestimmter Pflanzen aneignen können. Sie finden heraus, welche „Mittelchen" bei welchen Beschwerden hilfreich sind, und vergessen das nicht wieder. Überhaupt ist auf ihr Gedächtnis Verlass. Sie erkennen sogar menschliche Gesichter – in echt und auf Fotos – wieder. Und was die Suche nach dem allerbesten Leckerbissen angeht, sind Schafe sehr einfallsreich und sogar mal „verbrecherisch". So hat ein Schäfer aus Yorkshire berichtet, dass sich seine Tiere seitlich auf den Boden gelegt haben und unter dem Weidezaun durch gerobbt sind. Nicht gerade eine typisch schafische Fortbewegungsart!
Versteckt man ihr Futter in bunten Eimern, können Schafe die Farben unterscheiden und sich merken, in welchem die Leckerbissen stecken. Zudem besitzen sie die Fähigkeit, bewusste Entscheidungen zu treffen. Zum Beispiel verzichten sie schon mal darauf, einen weiteren Weg zu einer besonders verlockenden Nahrungsquelle zurückzulegen, um lieber noch länger mit ihren blökenden Freundinnen und Freunden zu chillen.

Määäääähr als nur määäääh!

Schafe machen den ganzen Tag nur „Mäh"? Von wegen! Blöken kann ganz verschiedene Bedeutungen haben. Meist ist es ein Ruf nach Aufmerksamkeit. Oder der Ruf nach einem vermissten Herdenmitglied. Und jedes Schaf klingt dabei anders – mit einer ganz eigenen „Stimme". Schafe können aber auch grunzen. So einen Laut hört man am ehesten von einem männlichen Schaf in der Paarungszeit. Aber auch Mütter mit Neugeborenen grunzen manchmal leise. Sind Schafe überrascht, dann schnauben sie durch die Nase. Das machen sie auch, wenn sie Artgenossen warnen wollen. Ist ein Schaf ganz still, ist das sehr ungewöhnlich. Dann hat es womöglich Schmerzen oder ist krank.

Super-Star-Schaf-Shrek

Neuseeland | Donnerstag, 15. April 2004 +++ Preiswucher +++ 74,55 Euro

Schafbock Shrek hat es geschafft, einen ziemlich dicken Rekord aufzustellen: Sieben Jahre lang wurde er nicht geschoren, weil er seinem Besitzer immer wieder entwischen konnte. Unter anderem hielt er sich tief in Höhlen versteckt, wo er sich von wilden Sträuchern ernährte. Als er gefasst wurde, kamen bei seiner Schur – live, vor Fernsehkameras! – 27 Kilo Wolle zusammen. Shrek wurde ein echter Star und tourte mit seinem Besitzer durch das Land. Dabei wurde er schon mal auf der Spitze eines Eisbergs geschoren, um in den Medien besonders viel Aufmerksamkeit zu erregen. Ursprünglich war Shrek eines von sage und schreibe 17.000 Schafen auf einer riesigen Schaffarm in Neuseeland. Dank seines Ruhms bekam er zumindest einen eigenen Stall und einen persönlichen Pfleger. Der ganze weitere Trubel war vermutlich trotzdem nicht ganz in seinem Sinne.

Heimelige Herden-Harmonie

Auch Schafe sind sehr sozial und einfühlsam und haben in Sachen Gefühle so einiges mit Menschen gemeinsam. Schafe haben ein feines Gespür für die Gefühle ihrer Herdenkumpane. Die Stimmungen der anderen Schafe beeinflussen sie sogar, wenn sie deren Gesichter nur auf Fotos sehen. Am besten gefallen Schafen Bilder von befreundeten Tieren beim Wiederkäuen. Das wirkt entspannend. Doch nicht nur mit Artgenossen kennen Schafe sich aus. Sie reagieren genauso auf menschliche Stimmungen. Grimmige Blicke meiden sie lieber. Gegen ein freundliches Gesicht dagegen haben sie nichts. Also bitte immer schön lächeln!

Schafe sind sehr treue Seelen und bilden oft lebenslange Freundschaften – und sie erkennen sich gegenseitig auch noch nach Jahren. Überhaupt sind sie sehr gesellig. Muss es mal sein, dass ein Schaf von seiner Herde getrennt wird, ist es sehr schnell unglücklich. Und kommt ein neues Schaf zu einer Truppe dazu, gehört es meistens sofort dazu. Ohne viel Tamtam. Wobei es hier auch schon mal – wie bei menschlichen Freundschaften – Eifersüchteleien geben kann.

Fantastische Fakten

- Die Größe und Vielschichtigkeit von Schafsgehirnen ist vergleichbar mit denen von Rhesusaffen.
- Schafe haben sehr gute Augen. Die sind genau wie ihr feines Gehör wichtig, damit sie ihre Feinde rechtzeitig bemerken. Und das schaffen sie auf mehrere hundert Meter Entfernung! Dabei nützlich sind ihnen, wie auch Ziegen, ihre länglichen Pupillen.
- Schwarze Schafe: Früher hatten die meisten Schafe dunkles Fell. Weil sich weiße Wolle besser färben lässt, wurden immer mehr weiße Schafe gezüchtet. Die tragen die alten Erbinformationen aber noch in sich. Deshalb kommt auch in weißen Herden immer mal wieder ein schwarzes Lamm zur Welt.

Ob dieses Lamm eine weiße Mama hat?

Schafe kuscheln gerne.

Treue Begleiter

Gegenüber ihren menschlichen Begleitern sind Schafe ebenfalls ziemlich treu. Oft mögen es Schafe nicht, wenn sich Fremde um sie kümmern. Dann sind sie erst mal etwas misstrauisch. Und wie wir Hunde sehen sie „ihren" Menschen als Teil ihres Teams. Manche Tiere werden so zutraulich, dass sie die Sicherheit der Herde verlassen, um mit ihrem Zweibeiner Zeit zu verbringen und ihn, wie wir Hunde es gerne tun, auf einem Spaziergang zu begleiten. So wie Lauser vom Erdlingshof. Das ist dann wirklich ein großer Vertrauensbeweis. Denn Schafe sind Fluchttiere und in der Herde vor Feinden am sichersten.

Wahnsinns-Wolle

G Schafe haben es schon praktisch, oder? Im Winter haben sie ihren dicken Pulli immer dabei. Aber wusstest du, dass die weiche, dichte Wolle den Schafen vom Menschen erst angezüchtet wurde? Erst seitdem müssen sie einmal im Jahr geschoren werden – und zwar unbedingt. Wenn das nicht passiert, wächst die Wolle immer weiter, so wie bei Promi-Schaf Shrek. Die Tiere bekommen Parasiten und ihr Fell verfilzt und wird viel zu schwer. Meist werden Schafe im Frühjahr geschoren. Nicht umsonst spricht man da also von der Schafskälte – denn ohne den schützenden Pelz kann es in der Jahreszeit noch mal ungemütlich für sie werden.

© Adobe Stock

EinzigARTig

Liesel vom Dorf Sentana

© Ronja Erdmann

Liesel ist krank auf einem Bio-Bauernhof auf die Welt gekommen. Sie leidet an Skoliose, einer Wirbelsäulenverkrümmung. Ihr Körper ist dadurch wie der Buchstabe L geformt, also krumm statt gerade. Wegen dieser Krankheit – die Geburt war sehr schwer – ist ihre Mutter leider gestorben, als Liesel auf die Welt kam. Eigentlich ist für ein krankes Tier wie Liesel in der modernen Landwirtschaft kein Platz. Doch Liesels Menschen haben sich dennoch liebevoll um sie gekümmert und sie sogar von Hand aufgezogen. Dadurch ist sie sehr zahm geworden und ihren Besitzern so ans Herz gewachsen, dass sie schließlich nicht, wie die anderen Schafe auf dem Hof, geschlachtet werden sollte. Wegen ihrer Krankheit ist sie allerdings auch für die Zucht nicht geeignet – und so hatte sie, bei aller Liebe, keinen Nutzen für den Betrieb. Deshalb war ihr Handicap am Ende ihr großes Glück: Gerade weil Liesel für die moderne Landwirtschaft „nutzlos" war, hat sie auf dem Begegnungs- und Gnadenhof Dorf Sentana ein Zuhause auf Lebenszeit gefunden. Sie lässt sich kraulen und genießt jede Aufmerksamkeit – was auch den Menschen, die mit ihr zu tun haben, sehr guttut.

Mufflons – gar nicht muffelig!

Als Vorfahre der heutigen Schafe gilt oftmals das Mufflon. Vielleicht aber handelt es sich auch nur um einen über die Jahrtausende verwilderten Verwandten. Die Ähnlichkeit ist jedenfalls eindeutig unübersehbar. Mufflons sind die kleinsten Wildschafe, die es gibt. Sie sind nicht mal einen Meter groß. Die beeindruckenden Hörner der Böcke wachsen dagegen ein Leben lang. Ursprünglich stammen die Tiere von den Inseln Korsika und Sardinien und wurden wohl schon von den alten Römern auf das Festland gebracht. In der freien Wildbahn gibt es die faszinierenden Tiere heute leider nur noch selten.

Wörter-Wissen

Das schwarze Schaf
Eigentlich ist ein schwarzes Schaf ja etwas Wunderschönes – und noch dazu recht selten. Also sollte man doch froh sein, so etwas Besonderes in seiner Herde zu haben – oder? Trotzdem ist der Ausdruck „schwarzes Schaf" sprachlich eher negativ besetzt. Es ist die Bezeichnung für jemanden, der anders ist und deshalb nicht zum Rest der Gruppe passt – und aus dem Grund von den anderen oft sogar ausgegrenzt wird. Das kommt wohl daher, dass schwarze Wolle für die Schäfer früher weniger wertvoll war.

Ein Schafsfuß ist genauso groß wie der Fuß von ... ja, von welchem Tier denn eigentlich? Blättere zurück und finde es heraus!

Die Gans

Die Gans

Vogel

Lebenserwartung: bis zu **15** Jahre

natürlicher Lebensraum: Süßwasserseen und Flüsse mit angrenzenden Weideflächen

Größe: ungefähr **80** bis **90** Zentimeter – eine Gans kann dir also mit dem Schnabel in deinen Bauch stupsen.

Nahrung: Gräser, Pflanzen, Wurzeln

Gewicht: ungefähr **6** bis **10** Kilogramm – das ist so viel wie **100** Tafeln Schokolade.

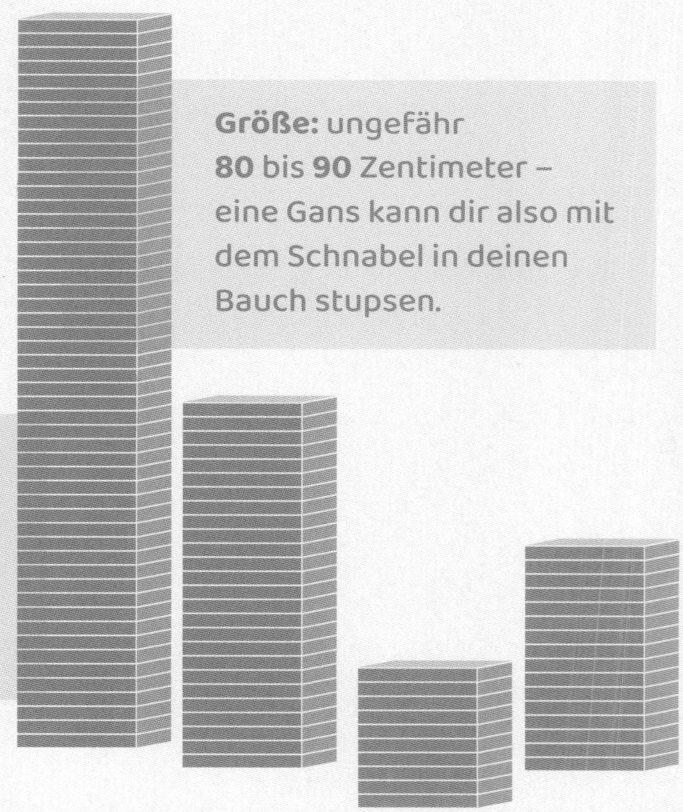

Gans schön schlau!

Gänse besitzen eine enorme soziale Intelligenz. Sie erkennen sich untereinander und merken sofort, wenn jemand aus der Schnatterbande fehlt. Kein Wunder, denn sie können sich bis zu hundert verschiedene Gesichter merken. Sie haben die Fähigkeit, sich in andere hineinzuversetzen, und spüren, wenn es jemandem im Freundeskreis nicht gut geht. Wie nahe sie sich engen Familienmitgliedern fühlen, kann sogar nachgemessen werden – mittels des Herzschlags: Beim Kontakt mit ihrem Partner oder ihren Kindern steigt – im Gegensatz zu Begegnungen mit anderen Gänsen – der Puls ziemlich hoch. Und sogar in Kolonien von bis zu 1.000 Tieren erkennen Graugänse, welche Tiere zu ihrem engen Verwandtschaftskreis gehören.

Gänse-Geschnatter

Was Gänse von sich geben, ist ganz und gar nicht nur dummes Geschnatter. Die verschiedenen Laute haben auch hier einzigartige Bedeutungen, auf die entsprechend reagiert wird. Wie bei den Hühnern spricht die Gänse-Mama mit ihren Gösseln schon vor dem Schlüpfen. Die Küken unterhalten sich sogar von Ei zu Ei – und sprechen sich so ab, wann der Zeitpunkt gekommen ist, um aus der Schale zu krabbeln.

Martina – Gans bekannt

Neuseeland | Dienstag, 11. Juni 1935

+++ Gans okay +++ 2,30 Euro

Martina hieß die Gans des berühmten Tierforschers und Nobelpreisträgers Konrad Lorenz, der von 1903 bis 1989 lebte. Konrad Lorenz entdeckte, dass Gänse sich nach dem Schlüpfen auf denjenigen prägen, den sie zuerst zu Gesicht bekommen. Das muss nicht mal ein echter Mensch sein. Es reicht eine Attrappe – zum Beispiel ein Ball. Und diese (zufällige!) Entdeckung ist Martina zu verdanken. Konrad Lorenz konnte es sich nicht verkneifen, das flauschige Küken nach dem Schlüpfen an sich zu drücken – und das war der Moment, in dem Martina Konrad Lorenz als ihren „Adoptivvater" annahm. In der ersten Zeit ihres Lebens wohnte sie bei dem Wissenschaftler im Haus und schlief sogar in seinem Schlafzimmer. Später unternahm sie aber auch gerne und oft Ausflüge in der freien Wildbahn. Fast zwei Jahre lang kam sie immer wieder freiwillig zu ihm zurück. Nachdem sie als erwachsene Graugans den Ganter Martin kennenlernte, begab sie sich mit ihm gemeinsam auf die Reise – diesmal allerdings für immer. Martina wurde Thema zahlreicher wissenschaftlicher Veröffentlichungen und ist auch heute noch vielen bekannt.

Gans romantisch!

Gänse sind richtige Familientiere. Sie leben in Herden, und unter Wildgänsen bleiben Paare oft ein Leben lang zusammen. Herr und Frau Gans kümmern sich sogar zusammen um die Gössel. Hausgänse dagegen handhaben es ähnlich wie Hühner. Ein Gänserich schart gerne mehrere Damen um sich. Manchmal leben aber auch mehrere männliche und weibliche Gänse in einer Gruppe zusammen und schließen bunt gemischte Freundschaften.

Gans grünes Gras

Wusstest du, dass alle Gänse Weidetiere sind? Sie freuen sich über frisches Grün und sind viele Stunden am Tag mit der Suche nach Futter beschäftigt – bis in den Abend hinein. Mit den scharfen Kanten an ihren Schnäbeln sind Gänse perfekte Rasenmäher. Und wenn die Weidefläche zu klein ist, ist sehr schnell alles weggefuttert. Beim Weiden halten sich immer ein paar Tiere am Rand des Geschehens auf, damit sie jeden, der ihnen gefährlich werden könnte, rechtzeitig entdecken. Aber es steht noch mehr als Gras auf ihrem Speiseplan. Auch Gemüse, Getreide und Hülsenfrüchte schnabulieren Gänse gern. Ab und zu auch mal Schnecken oder kleine Fische. Um das vielfältige Futter zu verdauen, nehmen die Gänse Grit zu sich. Das sind kleine Steinchen, die dabei helfen, den Mageninhalt zu verkleinern und somit besser zu verdauen. Anders als Wildgänse, die im Flug weite Strecken überwinden, bleiben Hausgänse übrigens am Boden. Sie sind zu schwer und deshalb flugunfähig. Glücklicherweise haben Gänse keine Probleme damit, zu Fuß am Tag so einige Kilometer zurückzulegen.

Fantastische Fakten

- Gänse gehören zur Familie der Enten.
- Insgesamt gibt es 60 Hausgänserassen.
- Gänse können – wie viele andere Vögel auch – mit einem geöffneten Auge schlafen und ruhen dabei nur eine Gehirnhälfte aus. Die Tiefe des Schlafs hängt davon ab, wie weit das Auge geschlossen ist.
- Wildgänse fliegen in V-Formation. Dabei verringert die Gans vorne den Windwiderstand für die hinteren Gänse, für die das Fliegen dadurch weniger anstrengend wird. Die Gänse wechseln sich in der Position der Leitgans ab. In der V-Formation sind alle Gänse füreinander sichtbar.

Gänse in V-Formation

Vorsicht, Wachgans!

Schon mal einer wütenden Gans begegnet? Dann sollte man lieber das Weite suchen! Denn Gänse zischen nicht nur bedrohlich, wenn sie einem Eindringling gegenüberstehen. Sie recken und strecken sich, machen ihre Hälse lang, richten ihren Körper auf und flattern mit den Flügeln. Und auch vor einem Angriff schrecken sie nicht zurück. Das wussten schon die alten Römer zu nutzen, weshalb sie ihre Stadt von Gänsen bewachen ließen. Man erzählt, dass es auch Gänse waren, die vor über 2.000 Jahren Rom vor den Galliern gerettet haben, indem sie Alarm schlugen.
Auch heutzutage werden Gänse oft noch als Ersatz für einen Wachhund gehalten. Anders als wir Hunde lassen sich Gänse nicht mit Futter bestechen und besänftigen. Dazu nehmen sie ihre Aufpasserpflicht viel zu ernst. So wie wir wissen sie aber genau, welcher Zweibeiner zur Familie gehört. Trotz ihrer Wachsamkeit können sie gegenüber ihrem menschlichen Halter zahm und zutraulich werden und ihn sogar auf Schritt und Tritt verfolgen.

EinzigARTig

Möp Möp (und Bonnie)

Möp Möp ist ein ganz besonders geselliges Exemplar ihrer Rasse. Sie ist nämlich nicht nur eine tolle Freundin für ihre Artgenossen auf dem Erdlingshof. Sie hat sich zudem mit einem Tier einer ganz anderen Art angefreundet: Fast immer an Möp Möps Seite ist das Hängebauchschwein Bonnie. Die beiden haben sich im Tierheim kennen und lieben gelernt. Die Zuneigung geht so weit, dass Möp Möp Bonnie zärtlich die Borsten sauber schnäbelt. Und wenn ein Fremder auf Bonnie zugeht, dann schlägt Möp Möp sofort Alarm und wird richtig angriffslustig. Wenn Bonnie ein Nickerchen macht, passt die Gänsedame gut auf sie auf. Sie kuschelt sich erst dann dazu, wenn eindeutig keine Gefahr mehr droht. Die anderen Gänse hat Möp Möp mit ihrer Schweineliebe angesteckt. Auch sie akzeptieren Bonnie ganz selbstverständlich als Teil ihrer Gruppe. Möp Möp ist aber die Einzige, die die Gänseschar verlässt, um Bonnie zu besuchen. Dabei hat sie ihre Freundin noch nie mit dem anderen Hängebauchschwein auf dem Hof verwechselt. Und das, obwohl Vroni sehr viel Ähnlichkeit mit Bonnie hat. Bonnie sieht den Trubel um ihre Person meistens sehr gelassen. Wenn allerdings die Gänse mal mit den Puten in Streit geraten, dann flitzt das sonst so gemächliche Schwein dazwischen und sorgt, energisch in die Luft schnappend, dafür, dass sich die Wogen schnell wieder glätten.

© Erdlingshof

Wie putzig!

Die richtige Gefiederpflege ist den Gänsen sehr wichtig. Nur Gänse, die sich ausgiebig putzen können, sind richtig glücklich. Das heißt, sie brauchen unbedingt Zugang zu sauberem Wasser zum Planschen und ausgiebigen Baden. Immer wieder tauchen sie dabei im Wasser unter. Dann schütteln sie sich und ordnen ihre Federn. Am Schluss verteilen sie Öl aus ihrer sogenannten Bürzeldrüse in ihren Federn. Das schützt die Haut vor Nässe und hält die Gänse warm. Gänse sind Wasservögel. Sie haben Schwimmhäute und können schwimmen. Jedenfalls, wenn sie an Wasser gewöhnt sind. Stallgänse, die es noch nie versuchen durften, können sogar ertrinken! Wie Menschenkinder brauchen sie zunächst Übung und Ausdauer – ein Gänse-Seepferdchen sozusagen.

Wörter-Wissen

Wer ist wer?
Weibliche Gänse werden einfach Gans genannt. Für männliche Gänse gibt es da schon mehr Bezeichnungen: Ganter, Gänserich, und manchmal auch Ganser. Küken werden als Gänsel oder Gössel bezeichnet.

Eine Gans, die goldene Eier legt, hätten vermutlich viele gerne. Das bekannte Sprichwort geht auf eine sehr alte Fabel des griechischen Dichters Äsop zurück: Der Gott Hermes schenkte einem Mann so ein besonderes Tier. Allerdings wurde der Beschenkte daraufhin zu gierig. Er wollte auch das vermeintlich ebenso wertvolle Innere der Gans zu Geld machen. So schlachtete er die arme Gans – und wurde enttäuscht. Ihr Fleisch war nicht aus Gold. Am Ende blieb ihm wegen seines Größenwahns gar nichts mehr.

Gänsefüße sind genauso lang wie breit. Diese Form und die Schwimmhäute zwischen ihren Zehen sorgen dafür, dass sie super durchs Wasser paddeln können. Hattest du schon mal Schwimmflossen an?

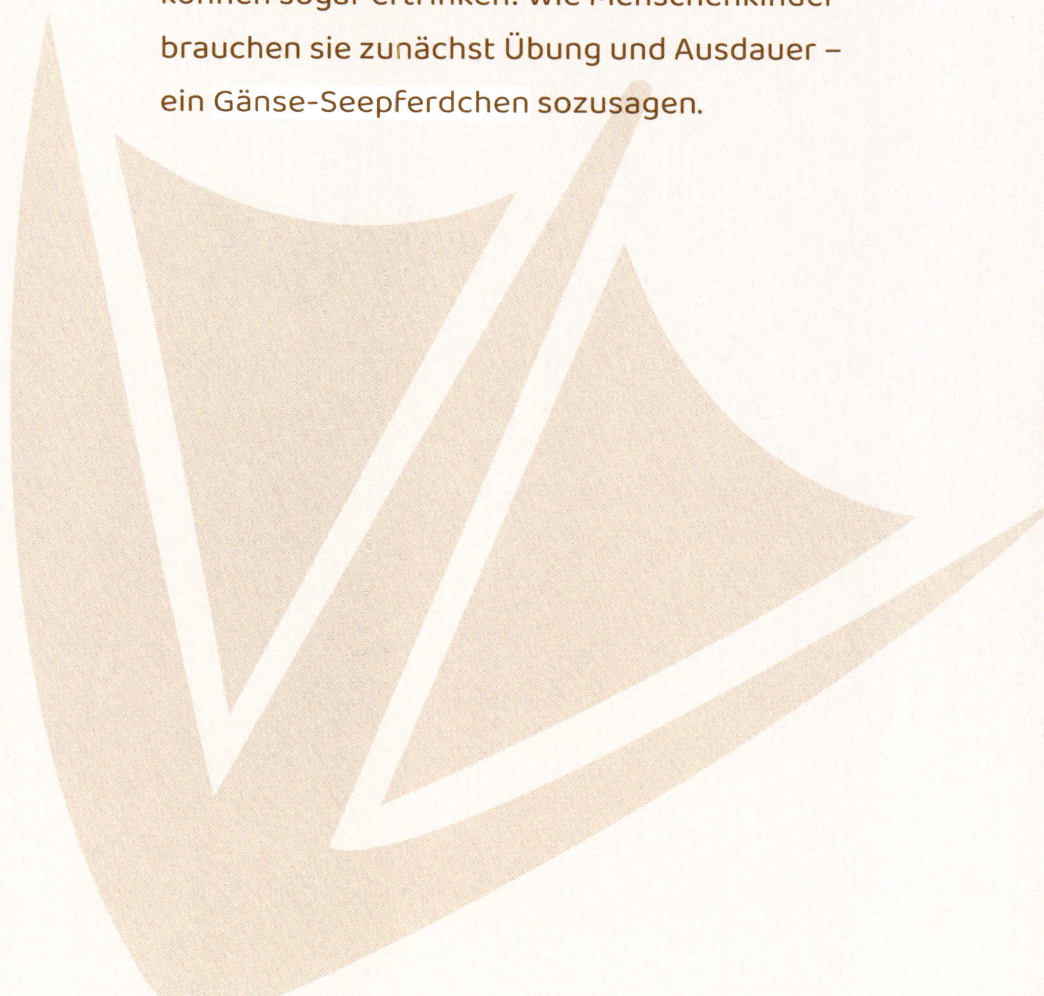

Alles Nichtnutztiere!

Eines ist nun ja wohl eindeutig klar geworden: Ob ein Tier als Haustier oder als Nutztier bezeichnet wird, hat rein gar nichts mit seinen Fähigkeiten und Eigenschaften zu tun. Es ist die Entscheidung der Menschen, die diesen Unterschied macht. Denn ganz egal, ob Fell, Schuppen oder Federn, ob Schnauze, Rüssel oder Schnabel, ob zwei Beine oder vier; egal, ob Tier oder Mensch, schüchtern und scheu oder draufgängerisch und abenteuerlustig; egal, ob wir gerne mal den Clown spielen oder es viel lieber ganz gemütlich angehen lassen – wir alle sind auf unsere einzigartige Weise etwas ganz Besonderes!

Das heißt aber nicht, dass wir nicht trotzdem so einiges gemeinsam haben. Wir alle wollen nur eines: ein glückliches Leben in Freiheit und Geborgenheit, das unseren jeweiligen Bedürfnissen entspricht. Ein solches Leben ist Rindern, Puten und Co. heutzutage meist nur mit Familienanschluss oder auf sogenannten Lebenshöfen möglich. Hier dürfen sie – wie der Name schon verrät – einfach nur leben und glücklich sein. Ganz ohne Bedingungen. Ein paar dieser glücklichen Nichtnutztiere habe ich dir in diesem Buch vorgestellt. Wenn du mehr erfahren möchtest, statte ihnen und ihren tierischen Freundinnen und Freunden doch mal einen Besuch ab – in echt oder im Internet. Möp Möp, Eberhard, Hodor und die anderen freuen sich auf dich!

Dein Toni

Möp Möp, Bonnie, Nico, Ella, Ferdinand, Luis, Hubertus, Lina, Lauser, Wilma und Frau Sperber leben oder lebten auf dem Erdlingshof in Niederbayen:
www.erdlingshof.de

Yvonne war auf Gut Aiderbichl zu Hause:
www.gut-aiderbichl.com

Mehr über Krümel und Fussel erfährst du hier:
www.das-stille-woertchen.de

Elsa, Hodor, Carlotta und Liesel sind oder waren auf dem Begegnungs- und Gnadenhof Dorf Sentana in Bielefeld zu Hause:
www.sentana-stiftung.com

Trulla und Eberhard gehören zum Hof Butenland:
www.stiftung-fuer-tierschutz.de

Dank Bini wurden die Lebenshöfe Federherz gegründet:
www.federherzev.de

Ein ganz dickes Danke an den Erdlingshof, Hof Butenland, Gut Aiderbichl, Federherz e.V. und das Dorf Sentana für die großartige Unterstützung – und überhaupt für alles, was ihr für die Nichtnutztiere dieser Welt macht! Toll, dass ihr euch für unsere vielen Fragen Zeit genommen habt! Und ein Dankeschön auch an Rolf-Bernhard Essig für sein einzigartiges Sprichwortwissen!
Judith und Toni

Wer ist wo?

Schwein
5

Pute
37

Rind
13

Schaf
45

Huhn
21

Gans
53

Ziege
29